COLLECTION C. TILLOT

Estampes Japonaises

PIÈCES DE CHOIX

LES PRIMITIFS, HAROUNOBOU, BOUNTSCHO, KIYONAGA, SHOUNSHO,
KORIOUSAI, SHARAKOU, OUTAMARO.

SHOUNMAN, TOYOKOUNI, HOKOUSAI, HIROSHIGHÉ

ALBUMS EN COULEURS

PAR HOITSOU, OUTAMARO, KOUNISADA, HOKOUSAI

KAKÉMONOS ANCIENS SIGNÉS

GARDES DE SABRE, DU XVIe, DU XVIIe ET DU XVIIIe SIÈCLE

NETSOUKÉS ANCIENS, EN BOIS ET EN IVOIRE

VENTE AUX ENCHÈRES PUBLIQUES

HOTEL DES COMMISSAIRES-PRISEURS, RUE DROUOT, 9

SALLE N° 8

Le Samedi 16 Juin 1900

A DEUX HEURES PRÉCISES

EXPOSITION, MÊME SALLE
Le Vendredi 15 Juin, de 2 heures à 6 heures.

M° Maurice DELESTRE	M. Ernest LEROUX
COMMISSAIRE-PRISEUR	LIBRAIRE-EXPERT
5, rue Saint-Georges, 5	28, rue Bonaparte, 28

PARIS

ERNEST LEROUX, ÉDITEUR

28, RUE BONAPARTE, 28

1900

PARIS, IMPRIMERIE CAMIS ET Cⁱᵉ,
SECTION ORIENTALE A. BURDIN, ANGERS

COLLECTION C. TILLOT

Estampes Japonaises

PIÉCES DE CHOIX

LES PRIMITIFS, HAROUNOBOU, BOUNTSCHO, KIYONAGA, SHOUNSHO,

KORIOUSAI, SHARAKOU, OUTAMARO.

SHOUNMAN, TOYOKOUNI, HOKOUSAI, HIROSHIGHÉ

ALBUMS EN COULEURS

PAR HOITSOU, OUTAMARO, KOUNISADA, HOKOUSAI

KAKÉMONOS ANCIENS SIGNÉS

GARDES DE SABRE, DU XVIᵉ, DU XVIIᵉ ET DU XVIIIᵉ SIÈCLE

NETSOUKÉS ANCIENS, EN BOIS ET EN IVOIRE

VENTE AUX ENCHÈRES PUBLIQUES

HOTEL DES COMMISSAIRES-PRISEURS, RUE DROUOT, 9

SALLE Nᵒ 8

Le Samedi 16 Juin 1900

A DEUX HEURES PRÉCISES

EXPOSITION, MÊME SALLE

Le Vendredi 15 Juin, de 2 heures à 6 heures.

Mᵉ Maurice DELESTRE	M. Ernest LEROUX
COMMISSAIRE-PRISEUR	LIBRAIRE-EXPERT
5, rue Saint-Georges, 5	28, rue Bonaparte, 28

PARIS

ERNEST LEROUX, ÉDITEUR

28, RUE BONAPARTE, 28

1900

CONDITIONS DE LA VENTE

La vente se fait au comptant.

Les adjudicataires payeront *cinq pour cent* en sus des adjudications.

M. Ernest Leroux se charge des commissions des personnes qui ne pourraient assister à la vente.

La collection d'estampes formée par M. Ch. Tillot ne comprend que des pièces de choix. Réunies peu à peu, depuis dix ans, par un artiste d'un goût très sûr, les estampes qui la composent sont de premier tirage pour la plupart. Elles se distinguent par ces colorations douces et harmonieuses, par ces tonalités calmes, par ces noirs veloutés, ces bleus légers, ces roses délicats, ces gaufrures élégantes qui sont le charme de l'estampe japonaise au XVIIIe siècle.

Heureux siècle que celui-là! Pendant qu'en France Watteau, Lancret, Pater, consacrent leur talent exquis à la peinture de la femme, de la Française, là-bas, dans le Nippon, toute une pléiade d'artistes, Harounobou, Shounsho, Bountscho, Kiyonaga, Yeishi, Outamaro, déploient la magie de leur pinceau pour la glorification de la femme japonaise. Ils l'idéalisent, ils la parent de toutes les grâces et de toutes les élégances. Comme leurs rivaux de France, leurs contemporains, eux aussi sont les *peintres des fêtes galantes* et leurs estampes en couleurs sont le régal des délicats.

Il était naturel qu'ils fussent révélés à l'Occident par des amoureux de notre XVIIIe siècle. De Goncourt et Burty étaient mieux que personne préparés à les comprendre et à les aimer. Leur enthousiasme sincère se communiqua rapidement, et avec eux de fins connaisseurs, de grands artistes s'extasièrent devant cet art jusque-là ignoré.

M. Ch. Tillot fut de ces fervents de la première heure.

Un des premiers, il commença à réunir les estampes en beau tirage ancien qui arrivaient du Japon peu nombreuses, et que l'on se disputait à prix d'or. D'autres recherchaient les tirages très frais, les épreuves à colorations brillantes. Ses préférences au contraire allèrent aux estampes dont les tons assourdis offraient à ses yeux un charme spécial.

Pendant quinze ans, il forma patiemment cette collection dont nous publions aujourd'hui le catalogue, et nous pouvons affirmer qu'elle mérite toute l'attention des artistes et des japonisants les plus difficiles.

On y remarque de beaux primitifs, une suite admirable de 23 Harounobou, des Kiyonaga, des Bountscho, des Yeishi fort élégants, un beau Sharakou, une superbe suite d'estampes et d'albums d'Outamaro, d'admirables paysages d'Hiroshighé et les plus belles épreuves des séries les plus fameuses d'Hokousai.

C'est un ensemble de pièces qu'on ne retrouverait plus aujourd'hui et que les connaisseurs apprécieront à leur juste mérite.

E. L.

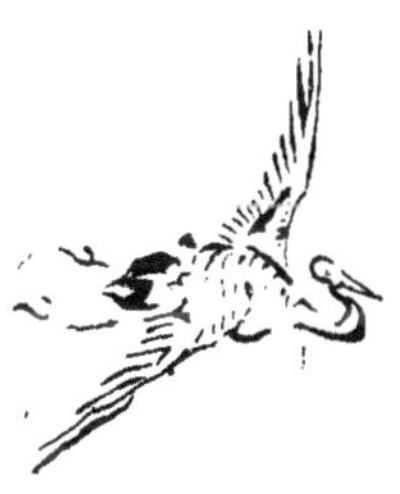

ESTAMPES JAPONAISES

LES PRIMITIFS

TORII KIYOMITSOU

Fils de Kiyomassou (milieu du XVIIIe siècle).

1. Une femme, montée sur un bœuf noir, demande un renseigne-
   ment à un casseur de pierres agenouillé, son pic à la main, près
   d'un petit rocher. Format étroit en hauteur, tirage à tons
   rose et vert.
2. Le singe. Une dame, en élégant costume jaune et vert, est arrê-
   tée dans sa marche par un singe qui tire le bas de sa robe,
   mettant la jambe à nu. Pièce en hauteur.
3. Une dame, dont la robe est décorée d'armoiries, de fleurs et
   d'éventails, tient de ses deux mains un long sabre. Pièce à
   tons jaune et vert, en hauteur.

TORII KIYOHIRO

4. La partie de dames. Grande composition à trois personnages.
   Pièce d'un très beau dessin, énergique et précis, tirage en
   jaune et bleu sur un fond gris.

ATELIERS DES OKOUMOURA, NISHIMOURA, ETC.

5. Une dame debout, en riche costume à carreaux jaunes et roses,
avec un surtout noir laqué, décoré de feuilles de momidzi en
relief et d'une réserve en blanc où des caractères japonais
sont peints dans un cercle. Belle pièce de la série des *ouroushi-è*.
Œuvre intéressante d'Okoumoura Toshinobou (commence-
ment du XVIIIe siècle) qui rappelle le beau style et la vigueur
de Moronobou.

> On appelle *ouroushi-è* (du mot *ouroushi*, laque) un genre d'estampes en
> couleur dont certains tons sont légèrement recouverts d'un glacis laqué.
> Ce procédé ayant été peu employé, les estampes de ce genre sont fort rares
> et très recherchées par les amateurs japonais.

6. La partie de volant. Un personnage aux jambes velues cherche à
faire tomber d'un arbre un volant qu'une jolie personne vient
d'y lancer d'un malencontreux coup de raquette. Belle pièce,
à tons rose et vert, malheureusement détériorée.

7. Un samouraï et sa compagne, abritée sous un parasol, passent en
se promenant près d'une maison sur la terrasse de laquelle on
voit deux personnages. Fort jolie pièce à tons aquarellés.
Signée Nishimoura Shighénaga.

8. Une courtisane et sa kamouro auprès d'un cerisier en fleurs.
Charmante composition du plus joli dessin, rehaussée de deux
tons rose et vert. Signée Ishikawa Toyonobou.

SOUZOUKI HAROUNOBOU

Élève de Kitao Shighénaga, l'un des maîtres les plus gracieux de l'art japonais.
Ses principales œuvres datent de 1764 à 1779.

9. Une femme debout tenant à la main une pipette. Pièce curieuse
dans le style des primitifs. Tirage à deux tons. Très rare.

10. L'inspiration. Jeune femme assise sur une terrasse au bord de la
rivière. La tête pensive est gracieusement appuyée sur la main
droite. Devant elle, sur la table, le papier blanc attend la
poésie. Dans le haut, les branches d'un érable aux feuilles
rouges.

11. A la fenêtre. Un jeune homme, son chapeau de *komosso* à la main,
s'approche de deux femmes dont les têtes apparaissent cu-

rieuses derrière le treillage d'une fenêtre. Pièce du plus joli dessin. La robe blanche, légèrement teintée et finement gaufrée, est mise en valeur par le noir velouté de la ceinture et de la frange.

12. Scène d'amour. Charmante composition d'un coloris délicat et harmonieux. (Encadré sous verre).

13. Le Chinois. Un gros Chinois est enlevé de terre et porté par sep jolies filles qui s'amusent beaucoup de la plaisanterie. Dans l'appartement un *tsouitate* sur lequel est peint un aigle.

14. La poétesse. Une jeune femme est assise devant sa table de travail, cherchant l'inspiration poétique. De sa terrasse elle domine une treille garnie encore de quelques feuilles jaunies par l'automne. (Encadré sous verre).

15. La promenade des toilettes de printemps. Sous les arbres en fleurs, dans la grande rue du Yoshiwara, une courtisane, à la démarche de déesse, s'avance, suivie de ses deux kamouros, dont l'une porte un petit Dharma. Elle a revêtu la nouvelle toilette aux couleurs chatoyantes, où l'on voit brodés ou peints des armoiries, des éventails, des feuilles d'érable.

16. Les toilettes d'hiver. Dans la rue toute blanche une courtisane et ses deux petites suivantes marchent, vêtues de robes blanches à retroussis roses. Œuvre charmante de dessin et de coloris.

17. Le galant pécheur. Deux femmes sont assises sur un banc au bord de la mer. L'une d'elles a détaché sa chaussure de paille et l'a confiée à un jeune marchand de poissons en le priant de la remettre en état. Notre homme s'acquitte de la besogne avec un visible plaisir, sans toutefois lâcher la pipe qu'il tient entre les dents.

18. Deux femmes regardent un homme à besicles agenouillé et examinant des écheveaux de soie.

19. La ceinture. Une dame, assise sur une caisse de laque rose, tient une ceinture au nœud savamment formé. Une autre femme s'approche, en soulevant une draperie verte. Pièce rare.

20. Foukourokou en neige. Dans un élégant intérieur on a apporté

une figure en neige représentant le dieu au crâne démesuré-
ment long. On l'a habillé et, pour amuser sa petite fille, une
femme, montée sur un escabeau, passe le rasoir sur le crâne
de neige, comme le ferait un barbier.

21. La sortie. Une dame ajuste le manteau de sa compagne qui va
sortir. Derrière elles, un *tsouitate* sur lequel est peint un lion
de Corée. Belle pièce à gaufrures.

22. Le jeu des cordelettes. Deux femmes dans un coquet intérieur.
Excellente épreuve de cette charmante et rare estampe.

23. Une jeune fille endormie sur le parquet. Debout, dans la pièce
voisine, une dame en peignoir blanc l'appelle. Les jambes
nues et la main d'une gracilité extrême témoignent d'une
certaine exagération dans la recherche outrée de l'élégance.
Pièce en beau tirage à gaufrures.

24. Devise d'amour. Une jeune femme, très joliment costumée,
s'approche d'un arbre dont l'écorce enlevée a laissé à nu le
bois lisse. Elle tient d'une main un pinceau, de l'autre un pot
à couleur, et va tracer sur l'arbre quelque nom, quelque date,
quelque devise. Gracieuse composition en beau tirage.

25. Le soir sur la terrasse. Une dame et une petite fille sur une terrasse jaune et rose, où, par la baie entr'ouverte, on aperçoit,
entre le ciel et la rivière d'un noir opaque, une digue tor-
tueuse avec des passants. Excellente épreuve de cette belle
estampe. (Encadré sous verre).

26. Le crabe. Deux femmes se baignent les pieds dans un cours
d'eau. L'une, effrayée par un gros crabe, se sauve en relevant
ses jupes. Belle pièce.

28. Le rendez-vous. C'est le soir, sur la terrasse rose. Une femme attend, montrant de sa lanterne le chemin au galant qui va venir.
Le voici; il grimpe l'escalier, il émerge de la nuit, il saisit le
bas de la robe de son amie. Œuvre agréable où, sur le ciel noir
de laque, se détachent en vigueur les personnages, la terrasse
et les fleurettes printanières d'un arbre jetées là pour rompre
la monotonie du fond.

29. La veilleuse. Au moment de se mettre au lit, une dame prépare
sa lampe de nuit. Tirage à gaufrures. (Encadré sous verre).

30. Une jeune fille passe sur une terrasse, agitant des grelots et portant de longues bandes de devises au bout d'un bâton. Jolie pièce.

31. Une dame et une petite fille arrangeant des étoffes sur des formes.

32. Les pivoines. Une guésha, dont le costume jaune est décoré de larges pivoines, agite de chaque main une branche de cet arbuste. L'ondulation du corps est du plus joli dessin ; le coloris est sobre et harmonieux. Pièce rare.

TORII KIYONAGA

(SECONDE MOITIÉ DU XVIIIᵉ SIÈCLE)

Un des maîtres les plus aimables et les plus person nels de l'art japonais le premier qui sut faire agir ses personnages dans des paysages intéressants, qui sut leur imprimer la vie.

33. Deux femmes fuyant sous une averse. Composition pleine de mouvement, avec des nus d'un très beau dessin. Dans le haut de la composition trois diables se divertissent à ce spectacle. Pièce du premier tirage.

34. Une jeune femme debout, tenant à la main une lanterne, prend congé de sa compagne assise sur un banc. Derrière elles, deux autres femmes à une fenêtre. Joli fond de paysage.

35. La barque. Deux femmes dans une barque sous les piles d'un pont. Composition élégante.

36. Le débarquement. Triptyque. Un grand bateau rose vient d'accoster près de la berge. Des femmes s'apprêtent à en descendre. Déjà l'une d'elles est sur les épaules d'un joli garçon qui, dans l'eau jusqu'à mi-jambe, va la déposer à terre. Pièces excellentes de coloris et de dessin.

37. La coiffure. Scène à trois personnages. Les figures sont enlevées d'un trait ferme et précis sur le fond gris de l'estampe.

38. La leçon d'écriture. Un petit garçon, armé d'un gros pinceau, trace sous les yeux de sa mère de superbes caractères sur une feuille de papier. Et de la calligraphie il y en a partout, sur les parois des murs, sur des éventails attachés au plafond ou jetés à terre, sur le parquet couvert de papiers décorés de

poésies et de fioritures de toute sorte. Estampe en format carré, très rare.

39. En promenade. Un petit garçon armé d'un sabre est tenu à la main par sa mère. Deux dames les suivent avec un parasol ouvert. Pièce d'un coloris léger.

40. Les nouvelles toilettes. Une courtisane et ses kamouros en riches costumes. Estampe à tons délicats sur un fond gris égayé par une draperie d'un bleu léger où sont réservés en blanc de gros caractères chinois. Excellent tirage à gaufrures. (Encadré sous verre).

41. Même sujet. Cinq personnages. Impressions à tons légers sur fond gris.

42. Même sujet. Cinq personnages. Tonalité générale rose et mauve, très élégante. Fond gris.

43. En partie de plaisir au Yoshiwara. Deux hommes et quatre femmes. Magnifique épreuve.

44. Quatre acteurs regardant deux guéshas qui exécutent la danse des petits chevaux. Jolie pièce de petit format.

45. Femmes dans la rue. Petit format, fond jaune.

46. Cinq femmes sous un cerisier en fleurs. Estampe d'un coloris délicat en admirable tirage.

47. Deux dames et un enfant près d'un pont rustique, dans un parc avec un étang où s'élève un kiosque de plaisance.

48. Trois femmes soutenant une de leurs compagnes dont la démarche incertaine et les gestes désordonnés témoignent de libations trop copieuses.

IPPITSOUSAI BOUNTSCHO

49. Jeune femme rattachant sa ceinture. Elle est debout près de la balustrade d'une terrasse au-dessus de sapins. Pièce d'un élégant coloris. Format étroit.

50. Une femme, portant sous le bras deux longs sabres, se tient debout près de la porte d'un jardin où quelques bambous montrent leur cime couverte de neige.

50 *bis*. Jeune femme portant les ustensiles pour le thé. Excellente pièce de premier tirage.

50 *ter*. Jeune fille ajustant une bandelette sur ses épaules. Son manteau d'un ton mauve porte, brodées dans le bas, des grues au bord d'un torrent. Épreuve de premier tirage sur fond gris. Encadrée sous verre.

ATELIER DES KATSOUKAWA

51. Femme de O-hara portant sur la tête un panier de plantes. Estampe étroite en admirable tirage, signée Shounsho.

52. Acteur de drame en samouraï. Très belle pièce de Shounsho.

53. Acteur, costumé en danseuse de Nô, déroulant un makimono où sont écrites des poésies. Signé Shounsho.

54. Un lutteur et son fils en costumes de ville. Portraits en pied par Shounyei.

55. Deux lutteurs sur la plate-forme. Œuvre énergique de Shounsho.

56. Acteur de drame. Très belle estampe de Shounko.

57. Petit danseur frappant sur un tambour. Belle pièce de grand format carré.

58-59. Acteurs dans des rôles de femmes. Deux belles pièces en hauteur, dont une signée Toyokouni.

YEISHI

60. La barque. Quatre personnages dans une grande barque jaune échouée sur la grève : un petit garçon portant des poissons, une femme fumant sa pipette, une autre, fort jolie, dans un élégant costume à rayures avec une ceinture rose, présentant une coupe de saké à une amie qui s'éloigne.

> Pièce d'un coloris harmonieux en très beau tirage. Le dessin de la femme debout, ses draperies flottantes, sa démarche légère, tout cela est exquis comme une figure des Primitifs italiens.

61. La terrasse. Quatre dames élégantes, coiffées du bonnet plat à deux ailes, sont assises sur une terrasse et causent, disant que sur la rivière on voit les bateliers poussant leurs barques. Au fond, des maisons et des arbres. Jolie pièce.

62. La promenade. Deux dames et deux petites filles accompagnées

d'un samouraï. Pièce d'un coloris rose et mauve très harmonieux.

63. L'inspiration. Une femme, assise à terre, près d'une pile de livres, tient un pinceau de la main droite sur laquelle elle appuie sa tête. Le regard vague, l'attitude méditative indiquent bien le travail de la pensée. L'expression est parfaitement rendue.

64. L'illumination. Deux femmes dans un jardin, fleuri de superbes pivoines, se promènent sous une treille de glycines illuminée de grosses lanternes rouges. Très belle pièce de grand format, à fond jaune.

YEISHO

Élève de Yeishi.

65. Une mère et son petit garçon. La femme, dans un joli déshabillé qui montre à nu ses deux seins, tient en l'air un jouet en forme de poisson que l'enfant essaie d'attraper. La coiffure est admirablement traitée. Œuvre charmante de ce maître délicat.

67. Femme sortant du bain. Portrait en buste dans une tonalité grise. Pièce d'un beau dessin.

DIVERS

68. Courtisane en promenade. Figure en pied sur fond laqué. (Encadré sous verre).

69. Acteur de drame, dans un costume à riche décor. Il a deux longs sabres sous le bras gauche et, de la main droite, il tient braqué le canon d'un pistolet.

KORIOUSAI

70. Courtisanes en promenade. Deux estampes d'un grand style, en excellent tirage.

Ces pièces seront vendues séparément.

71. La femme au chat. Estampe en format kakémono, du plus beau tirage.

SHARAKOU

Le fameux peintre de portraits de la fin du xviiie siècle.

72. Portrait d'acteur en costume de femme. La figure longue est
dessinée d'un trait léger et éclairée par deux yeux vifs sous
deux sourcils tracés d'un large coup de pinceau. A la coiffure, très soignée, s'attachent un bandeau et un morceau d'é-
toffe violette qui retombe bizarrement sur le front. Pièce en
beau tirage à fond micacé. (Encadré sous verre.)

KITAGAWA OUTAMARO

(1754-1797)

Le grand artiste, élève de Toriyama Sékiyen.

73. Une femme, accroupie devant son miroir posé sur un chevalet
laqué, arrange sa chevelure dans un mouvement souple de
ses deux bras nus élevés au-dessus de sa tête. L'enfant tette
suspendu à son sein et presse gentiment de sa main gauche
le bout de l'autre sein, tout en souriant à une femme qui,
penchée derrière la mère, l'amuse avec un jouet. Superbe
épreuve à tons délavés de cette planche fort rare.

74. Deux femmes avec un petit garçon presque nu agenouillé entre
elles. La mère, tout en nettoyant un peigne, se détourne gracieuse et souriante vers l'enfant qui, un doigt dans la bouche,
écoute, curieusement attentif, une observation de son amie.
Belle épreuve. (Encadré sous verre.)

75. L'allaitement. Une femme, dans une contemplation extatique,
présente, en le pressant, son sein à un enfant qui tette glou-
tonnement. Pièce d'un magnifique dessin très sobre de
lignes et de coloris, avec des noirs puissants dans une bande
de costume et dans la chevelure traitée en vigueur sur le fond
gris de l'estampe. (Encadré sous verre.)

76. Le bain. Un enfant dans la grande cuve de bois où sa mère va le
baigner. Celle-ci, la poitrine nue, nonchalamment assise,
regarde un petit poisson dans un vase que lui présente une
amie. Très belle pièce sur fond gris.

77. Le rêve. Une mère soulève la couverture de la couchette où

s'agite son enfant endormi, la figure convulsée, en proie à un cauchemar. Il rêve de spectres. Pièce curieuse.

78. Le miroir. Une mère à genoux, avec son enfant sur son dos, penché en avant par dessus son épaule. Le bambin voit son image se réfléter dans un bassin plein d'eau et témoigne d'un geste son étonnement et son plaisir. Belle et rare estampe en très beau tirage à tons légers sur un fond gris.

79. La grimace. Une femme accroupie tient à la main son miroir et tire la langue, en faisant une grimace à un enfant presque nu debout derrière elle.

80. Promenade de femmes et d'enfants au bord de la Soumida. Triptyque. Suite de trois planches en excellent tirage, dans une tonalité assourdie. Des femmes et des enfants, en claire robe d'été, se promènent au bord de la rivière sombre, sur une plage d'un noir de laque. Le fond n'est éclairé que par les points rouges des lanternes et par l'embrasement d'une pièce d'artifice.

81. Deux femmes et un enfant, la nuit, au bord de la Soumida. Planche d'un beau tirage ancien, plus vif que dans le triptyque précédent avec lequel il est intéressant de la comparer. (Encadré sous verre.)

82. Mélancolie. Jeune femme accroupie, dans une attitude de découragement, sa pipette à la main, une lettre déroulée devant elle. Pièce d'un grand caractère, en très beau tirage, fond jaune (Encadré sous verre.)

83. Deux jeunes filles vues en buste. Belle impression où le rose d'une ceinture et d'un dessous de robe jette une note élégante. (Encadré sous verre.)

84. La moustiquaire. Curieuse pièce où l'artiste cherche un effet original dans le contraste entre la femme du premier plan, vue en pleine lumière, et celle accroupie derrière la moustiquaire dans une pénombre verte.

85. La coiffure. Une jeune femme démêlant les longs cheveux de sa compagne. Charmante composition en très beau tirage.

86. La boîte. Une jolie fille tient à la main une boîte noire et la

regarde en souriant. Le peignoir qu'elle a négligemment jeté
sur ses épaules laisse apercevoir un bout de sein.

87. Deux bourgeoises causant ensemble. L'une tient un miroir laqué.
Pièce en beau tirage, fond jaune. (Encadré sous verre.)

88. Les fiancés. Jeune couple princier. Pièce d'une facture particu-
lière où les plis des vêtements sont indiqués par les cassures
d'un trait vigoureux. Belle estampe sur fond gris.

89. Scène à trois personnages, un couple d'amoureux et un vieux
mal rasé qui fait une vilaine grimace. Une de ces composi-
tions assez rares où notre artiste se plaît à introduire un
personnage grotesque comme contraste à ces jolies créatures
qu'il peint avec tant d'amour.

90. Les cuisinières. Une femme souffle le feu dans un bambou, une
autre enlève une théière dont l'eau se répand en un nuage
de vapeur. Excellente épreuve de cette estampe célèbre. (Encadré sous verre.)

91. La toilette. Deux femmes dos à dos, posées chacune devant un
miroir, procèdent à leur toilette et à l'arrangement compliqué
de leur chevelure. Pièce à fond jaune d'une grande rareté.
(Encadré sous verre.)

92. La plongeuse. Une pêcheuse d'awabis, sortant de l'eau, est
debout, son couteau à détacher les coquilles entre les dents;
elle tord de ses deux mains le morceau d'étoffe rouge qui
entoure ses reins, pendant qu'une cliente agenouillée choisit
une coquille dans son panier. Une des pièces les plus célèbres d'Outamaro. (Encadré sous verre.)

93. Bouderie d'amoureux. Pièce d'un ton vif, rouge sur bleu.

94. La pipe. Une femme en riche costume est accoudée sur une
table en laque. Dans un geste charmant d'abandon elle tient
sa petite pipe de la main droite, tout en causant avec quelque
interlocuteur invisible. Beau tirage sur fond jaune.

95. La promenade. Une courtisane et ses deux kamouros vues à mi-
corps, sous un vaste parasol. Les étoffes sont traitées avec un
soin tout particulier. Excellent tirage sur fond gris.

96. Flânerie. Une femme s'étirant. Robe jaune passé à décor de

dragons. Surtout gris à pois orné de chrysanthèmes et d'éventails. Fond gris.

97. Méditation. Une femme à la coiffure bizarre, relevée en deux coques, est assise sur une boîte laquée, au milieu des flots d'étoffes de son vêtement jaune et rose sur lequel sont peintes de larges pivoines. Belle pièce à fond gris.

98. Les nouvelles toilettes. Une courtisane dans un de ces sompueux costumes qui sont l'orgueil du Yoshiwara. Derrière elle est accrochée une robe mauve avec de grands chrysanthèmes comme décor. C'est dans cette série de belles planches qu'Outamaro semble mériter vraiment ce titre de grand couturier que M. de Goncourt lui décerne plaisamment.

99. L'étoffe. Une femme examine un morceau d'étoffe sur lequel sont peintes des fleurettes et des brindilles. La chevelure de la femme est d'un admirable tirage. Le grand surtout noir jeté sur la robe a des douceurs de velours avec ses quelques traits de gaufrures blanches si habilement obtenus. (Encadré sous verre.)

100. La musicienne. Une guésha accroupie à terre fait résonner avec son plectre d'écaille les cordes de sa biwa. Charmante composition en tons bleu et violet adoucis sur un fond gris.

101. La lecture. Deux femmes auprès d'un brasero. Les robes sont admirablement traitées, l'une mauve à décor de pivoine, l'autre rose avec un surtout noir à gaufrures réticulées. Tirage excellent.

102. La poétesse. Près d'elle sa suivante prépare l'encre de Chine. Dans le haut, un petit cadre où l'on voit Komati en méditation. Pièce d'une belle allure.

103. La fumeuse. La coquette tourne le dos pour nous faire admirer la magnifique robe où, sur un fond noir, sont peintes de grandes cigognes héraldiques. Estampe d'un fort beau dessin en très bon tirage.

104. Le lapin blanc. Deux femmes auprès d'un vase de fleurs. L'une debout, en joli costume rose, avec un surtout noir laqué décoré de fleurettes blanches ; l'autre accroupie, tenant un lapin entre ses bras.

105. Les heures des maisons vertes symbolisées en d'élégantes
attitudes, en de charmants groupements de femmes. Six
planches excellentes, de grand format, à fond jaune.

1. Le lit. Deux jeunes femmes dans un lit. L'une a la tête posée
sur le coussinet de bois qui sert d'oreiller. Son vêtement mauve
s'harmonise avec la teinte rose de la couchette. L'autre femme,
à demi nue, les cheveux en désordre, soulève d'une main la
lourde couverture et cause avec sa compagne.

2. La lanterne. Une courtisane avec sa suivante qui porte une
grosse lanterne.

3. La bonne aventure. Scène à trois personnages.

4. Le brasero. Deux femmes causant.

5. Le message. Une courtisane, qui vient d'écrire un interminable
rouleau, se tourne vers une petite fille comme pour lui donner
tout bas un ordre que l'enfant écoute avec la plus grande
attention.

6. La coiffure. Trois femmes auprès d'un miroir, Pièce d'un dessin précis, d'un coloris sobre. Les chevelures sont traitées
avec cette légèreté et cette perfection qu'on n'observe que
dans les meilleurs tirages.

106. Une femme accoudée sur une balustrade à claire voie. Au-dessous
d'elle une autre femme vue en buste. Toutes deux fort jolies
en la grâce mutine de leurs attitudes, en l'étonnement naïf
de leurs yeux sous les grands sourcils arqués, dans le sourire
de leurs lèvres que M. de Goncourt compare à des pétales
recroquevillés de fleurs. (Encadré sous verre).

107. Trois acteurs, en costume de ville, dans les coulisses du théâtre.
Pièce à gaufrures en excellent tirage.

SHOUNMAN

108. Cinq planches de grand format, avec des personnages en gri-
saille sur des paysages à deux tons. Pièces excellentes.

Les porteuses d'eau salée.

Une femme lavant du linge dans un ruisseau.

Deux blanchisseuses battant du linge.

Chasse aux lucioles.

Trois femmes dans la campagne.

109. Planche de format moyen à tons vifs. Trois dames sur une terrasse au-dessus d'un jardin.

TOYOKOUNI
(1769-1825).

110. Le départ pour la chasse. Superbe triptyque. Un jeune sei-
gneur part pour la chasse. Il descend, le faucon sur le
poing, l'escalier d'une terrasse, et se retourne vers sa femme
qui lui fait un geste d'adieu. Huit autres femmes assistent
au départ du prince, l'une d'elles prépare une longue vue pour
le suivre plus loin. Les tonalités des robes en rose éteint, en
vert assourdi, sont d'une coloration charmante s'harmonisant
avec le feuillage d'un prunier en fleurs qui couvre tout le bas
de l'estampe.

111. Le soir dans la grande rue du Yoshiwara. Promenade de courtisanes.

KOUNIYOSHI

113. Le soir, au bord de la rivière, une femme de mauvaise vie et
un homme portant une lanterne. Ils s'éloignent de trois chiens
qui se montrent les dents.

114. Les pêcheurs à la ligne, sur des rochers à fleur d'eau dans la mer.

115. L'apparition. Une femme, aux draperies volantes, plane au-dessus d'un groupe d'hommes debout sur le rivage. Curieuse estampe inspirée de quelque gravure européenne de l'Assomp-
tion.

HOKOUSAI
ESTAMPES DE GRAND FORMAT OBLONG

116. Les fleurs de Yoshino, aux environs de Kioto. Colline toute
rose sous la floraison du printemps. Au premier plan, sept
personnages et un cheval. (De la série : *Neige, lune et fleur ;
Setsouguekkiva.*)

117. La lune de Yodogawa à Osaka. Sur la rivière, les longues barques rouges et un moulin au pied des fortes murailles d'un
château. (*Même série.*)

118. Des pivoines sous un coup de vent, avec deux papillons. Admirable planche, tirage à gaufrures.

SUITE DE PLANCHES DE LA SÉRIE : *Hiakounin isshu Ouwaga Yettoki.* LES CENT POÉSIES EXPLIQUÉES PAR LA NOURRICE. PAYSAGES EN FORMAT OBLONG D'UNE SUPERBE FACTURE. ÉPREUVES DE CHOIX.

119. *Poésie de Saroumarou Dayû.* A l'automne, paysans revenant de la cueillette, leurs pelles fourchues sur l'épaule. Au haut d'une colline verte un cerf bramant. Ciel rouge sur des érables rouges.

120. Char impérial, avec un bœuf couché dans l'attelage. La voiture aux roues énormes semble un temple portatif.

121. Établissement de bains, où l'on voit des femmes en peignoir sur une terrasse d'où sortent des jets de vapeur d'eau chaude.

122. *Poésie de Kakinomoto-no-Histomaro.* Auprès d'un feu dont la fumée monte en lourdes spirales, huit pêcheurs tirent un filet.

123. *Ariwarano Narihira,* aux environs de Kioto. Gens traversant un pont sur un torrent dont les eaux roulent des feuilles rouges de momizdi.

124. *Sanghi Takamoura.* Des pêcheuses d'awabis, les unes plongeant dans la mer, les autres demi-nues sur un rocher creux sous lequel passe une longue barque. Très belle et rare estampe.

125. Un daïmiyo, accompagné d'une escorte, est debout sur une colline près d'un sanctuaire; il co· temple la lune qui se reflète dans l'eau calme de la rivière.

126. *Motoyoshino Shinnô.* Un bœuf chargé de roseaux près d'une baie.

127. *Foujiwarano Mitinobou.* Porteurs de kago descendant une route en courant.

128. *Daïnagou Tsounénobou.* Fontaine où des femmes viennent remplir des baquets.

129. Des gens grimpant un raidillon près d'une baie où s'agitent de grosses vagues. Au fond le Foudji.

PIÈCES DE LA SÉRIE DES PONTS (*Shokokou Meikiô Kiran*).

130. Le pont du nuage à Ashikaga, pont reliant les deux pics d'une montagne.

131. Le pont de Foukouï, de la province de Yétizen : pont moitié en
pierre d'un côté, moitié en bois de l'autre, séparant deux dis-
tricts, l'un riche, l'autre pauvre.

132. Pont suspendu sur la frontière des provinces de Hida et de Yet-
tchû, un pont de cordages avec un filet dessous.

PIÈCES DE LA SÉRIE DES TRENTE-SIX VUES DU FOUZI-YAMA

133. *Moumé-toghé de la province de Kahi.* Le Foudji d'un rouge brun
à la base, d'un bleu d'outremer au milieu, avec le cône blanc
de neige.

134. *Tamagawa de la province de Mousashi.* Petite barque sur la rivière
aux flots bleus gaufrés. Dans le fond, le Foudji, en bleu d'outremer à la base.

135. Un grand cheval rouge tenu en laisse, près des tréteaux de bois
d'un teinturier.

136. Le Foudji vu de loin, du haut d'une montagne où des paysans
flânent auprès de leurs cabanes à toits de chaume.

137. *Nakabara, de la province de Sagami.* Porteurs sur un pont rustique près d'un petit monument en ruines où se lit une inscrip-
tion.

138. Le Foudji au soleil couchant. Sa base est dans l'ombre, son
sommet est rose. Au premier plan, les maisons d'un village
sur le bord d'une rivière.

139. Des porteurs sur une route au bord d'un torrent, et, par dessus
la floraison des arbres, le sommet du Foudji parmi des pics
aux colorations précieuses depuis le ton du lapis jusqu'à celui
de l'or.

140. Le sommet rouge du Foudji tout au fond d'un paysage panora-
mique, au premier plan duquel une cascade forme un petit lac.
(Pièce d'une autre série.)

HOKOUJIOU

141. Un temple sur une colline au bord de la mer. Des pèlerins y
montent par un interminable escalier qu'ombragent de grands
arbres. Estampe du plus beau tirage.

HIROSHIGHÉ

(1797-1859.)

Le grand paysagiste japonais, élève d'Outagawa Toyohiro.

PLANCHES DE CHOIX EN EXCELLENT TIRAGE, ÉPREUVES D'ARTISTE CHOISIES PAR UN ARTISTE ÉPRIS DU TALENT DU MAITRE DU NIPPON. TOUTES CES PIÉCES SONT EN GRAND FORMAT OBLONG.

142. Vue du lac Biwa. Nuit éclairée par la lune.

143. Village de la route du Tokaïdo, sous la neige.

144. Barques sur la Soumida, au coucher du soleil.

145. Pont de pilotis sur la rivière. Le reflet de la lune sur l'eau bleue et la brume estompant le paysage sont admirablement rendus.

146. Route dans la montagne au bord d'un torrent entre des pentes verdoyantes couronnées de pins.

147. Sentier jaune parmi les broussailles noires et les pins d'une montagne.

148. Le bac. Déjà le soleil est couché. Les gens regagnent leur logis et le passeur, penché sur son aviron, pousse le bac qui les porte. Il se hâte, car déjà d'autres clients attendent sur la rive.

149. Halte de porteurs près d'une maison de thé.

150. L'averse dans la montagne. Des porteurs de kago montent lentement trempés par la pluie qui tombe dru ; d'autres détalent à toutes jambes sous des parapluies impuissants.

151. Clair de lune sur des lagunes.

152. La sieste. Des gens attablés sous un toit de chaume au bord de la rivière ; sur l'autre rive, des collines noires sous un ciel jaune.

153. Une grève circulaire terminée par des rochers.

154. Un sentier parmi des collines couvertes de pins qui se détachent sur de grands nuages. Très belle épreuve.

155. Caravane à la sortie d'un village enfoui sous la neige dont les flocons piquètent de blanc le ciel noir.

156. Un long banc de sable, avec une barque au premier plan, et, au fond, des arbres dans la brume.

157. En haut d'un escalier. Des personnages qui montent et descendent entre deux lignes de constructions vues dans une perspective fuyante.

158. Une carpe. Fort belle épreuve de la *Série des Poissons*.

159. Carpe bondissant dans un torrent. Superbe pièce encadrée sous verre.

160. Carpes dans des iris. Estampe en forme d'écran.

161. Fleurs et oiseaux. Dix pièces de format carré en très beau tirage.

162. Épervier sur une branche, dans le fond un soleil couchant. Belle épreuve de grand format.

SOGAKOU

163. Fleurs et oiseaux. Quarante-huit pièces en beau tirage.

ALBUMS EN COULEURS

HOITSOU

Le meilleur élève de Korin.

164. *Hoitsou gwa fou*. Recueil de dessins célèbres de cet artiste. Album in-4, de gravures en couleur, publié en 1820.

> Vingt-cinq planches doubles en excellent tirage, parmi lesquelles le Foudji bleu et blanc, des iris, deux grues, Komati à sa table de travail, une vague, un cerf, deux kakis dans un panier, des tortues.

OUTAMARO

165. *Yéhon Mushi-yérabi*. Les insectes choisis. Album en deux volumes comprenant 15 planches doubles; publié en 1788, avec une préface de Toriyama Sekiyen, dont il faut lire la traduction dans l'ouvrage de M. de Goncourt.

> Ces planches en couleurs comptent parmi les chets-d'œuvre de la chromoxylographie japonaise et parmi les plus habiles productions de l'impression en couleurs du monde entier. Outamaro, ce peintre idéaliste de la femme, se montre ici le dessinateur le plus exact, l'observateur de la nature le plus rigoureux. Il y a là des planches tout à fait extraordinaires, dit M. de Goncourt, comme les jeux d'une grenouille dans une feuille de nénuphar, comme la poursuite d'un lézard par un serpent; et dans toutes ces impressions, le détachement étonnant de la chenille, de la sauterelle, sur la douceur du vert des feuilles, sur le rose des floraisons,... enfin l'introduction si savante, si habile dans la coloration des insectes, des brillants et des reflets métalliques que la lumière fait apparaître sur eux. (M. de Goncourt, *Outamaro.*)

166. Annuaire des maisons vertes. Texte de Jipensha Ikkou. Illustrations en couleurs d'Outamaro. Imprimé à Yédo en 1804. Deux volumes de format in-8, couverture bleue à gaufrures représentant les lanternes armoriées qu'on porte dans les promenades du Yoshiwara. Bel exemplaire.

> Album fameux pour lequel nous ne pouvons mieux faire que de renvoyer à la longue notice qu'en a donnée M. de Goncourt (*Outamaro*, p. 64 à 95).

KOUNISADA

167. Illustrations pour le *Genzi monogatari*. Album de 32 planches en couleurs, grand format.

HOKOUSAI

168. Les promenades de Yédo. Deux volumes contenant 20 planches doubles en couleur. Publié en 1800.

> C'est un des premiers livres en couleur publiés par Hokousaï.

169. *Tôshisen Yéhon*. Les poésies de l'époque des Thang illustrées. Avec un commentaire de Takaï Ranzan. Dix volumes en deux sections, 1833-36, figures en noir.

170. La Petite Mangwa. Album de planches en couleurs, publié en 1843. Beau tirage.

171. Album contenant 22 planches en couleurs dont 10 doubles.

> Nous signalerons : Yorimitsou et l'araignée ogresse, la manœuvre d'un cabestan, une vague déferlant sur des rochers, Komati poursuivie par les gamins; un coup de vent, une femme battant du linge, etc.

DIVERS

172. Quatre albums en noir et en couleurs.

KAKÉMONOS

173. Six kakémonos signés. Œuvres anciennes. Pièces de choix qui seront vendues séparément.

174. Un aigle. Peinture encadrée sous verre. Œuvre remarquable.

GARDES DE SABRE ET NETSOUKÉS

GARDES DE SABRE

XVe SIÈCLE

1. Garde en fer. Grues découpées à jour.

XVIe SIÈCLE

2. — découpée à jour. Dessins symétriques.
3. — fer. Fleurs de chrysanthème.
4. — fer. Dessins géométriques.
5, 6. 3 gardes.
7. Garde en fer plein. Fleurs et feuilles découpées à jour.

XVIIe SIÈCLE

8. Garde niellée or.
9. — fer ciselée.
10. — Dragons et chimères.
11. — Ornements ajourés, très fine (signée).
12. — fer fouillé et ciselé. Belle pièce signée.
13. 14. 2 gardes ciselées.
15. Garde fer. Poissons et monstres marins.
16. — Fleurs et feuilles. Signée.
17. — Masques. Signé Kinai.
18. — Dragons.   —   —
19. — Chimères.   —   —

20. — Fleurs et feuilles. Signée.

21. — Branches de pins. Au revers, le rêve des solitaires.

22. — Insectes dans l'herbe.

23. — Cabane abritée par un arbre. Signée.

24. — Fruits et feuilles ciselés et dorés. Signée.

25. — Langoustes. Signée.

XVIIIe SIÈCLE

26. Garde. Arbres et cascade. Signée.

27. — Oiseau sur son perchoir. Signé.

28. — Un cavalier, or sur bronze. Pièce très soignée. Signé.

29. — Oies, or sur shakoudo. Signée.

30. — Dragon et tigre, ciselure fine.

31. — Masque noir sur sentokou. (Signée Yassutshika.)

32. — Dragon découpé et ciselé sur fer. Pièce remarquable. Signée.

33. — Dragon découpé et ciselé en fer. Signée.

34. — Dragon dans l'orage, au revers les flots de la mer, or sur shakoudo. Pièce d'un merveilleux travail de ciselure. Signée.

35. — Deux personnages au bord d'un torrent, or et niellures sur
shakoudo. Jolie pièce.

36. — Combat d'un dragon et d'un guerrier.

37. — Lion et fleurs, or sur fer.

38. — Le montreur de singe. Ciselure très fine sur cuivre rouge. Signée Itsando Joï.

NETSOUKÉS

39. Netsouké bois. Rat sur un fruit.

40. — — Persounage à longs cheveux, la main gauche appuyée sur son chapeau.

41. — — Colimaçon. Signé.

42. — — Masque. Signé.

43. — — Homme fermant un sac. Signé.

44. — — le massage. Signé.

45. — — Masque.

46. — — Homme avec un masque sur la figure, bois laqué doré.

47 — — Sorcière se couvrant de son chapeau.

48. — — Tortue. Signé.

49. — — Sorcière s'accrochant à une cloche. Signé.

50. — ivoire incrusté d'or. Bouton, dragon se jouant dans les flots. Signé.

51. — bois. Homme sculptant un masque. Signé.

52. — ivoire. Danseur tenant une fleur.

53. — bois. Sculpteur faisant la grimace qu'il a donnée à son masque. Signé.

54. — — Diable se cachant la tête pour éviter les projectiles.

55. — — Divinité à grosse tête, avec un éventail.

56. — — Personnage déroulant un rouleau.

57. — — Femme avec un panier et une fleur de lotus.

58. — — Danseuse.

59. — ivoire. Femme jouant avec un chien. Signé.

60. — — Enfant endormi.

61. — — Masque. Signé.

62. Netsouké bois. Danseur. Signé.

64.   —   ivoire. Petite danseuse faisant la révérence. Signé.

65.   —   bois. Sanglier. Signé.

66. Grand bouton, ivoire. Porteur et enfants.

67. Netsouké bois. Homme grimaçant. Signé.

68.   —   ivoire. Singe croquant un fruit.

69.   —   —   Groupe de chevaux. Signé.

70.   —   bois. Homme accroupi, sur un panier.

71.   —   —   Femme assise sur un fagot. Signé.

72.   —   —   Singe et tortue.

73.   —   —   Personnage assis, une figurine dans la main gauche.

74.   —   —   Laqué. Domestique frottant le parquet.

75.   —   —   Sanglier couché sur des fougères.

76.   — ivoire. Perdrix. Signé.

77.   —   —   Écureuil mangeant des graines.

78.   —   —   Singe jouant avec son petit. Signé.

79.   — bois. Personnage religieux accroupi. Signé.

IMP. CAMIS ET Cie, PARIS. — SECTION ORIENTALE A. BURDIN, ANGERS.

PIÈCES OMISES

72 *bis*. Acteur en costume de ville, portrait en pied. Œuvre intéressante de Sharakou.

140 *bis*. L'Étang des Nénuphars. Superbe pièce d'Hokousai.

140 *ter*. Les Scieurs de long. Très belle épreuve de la série des *Cent Vues*.

140 *quater*. Paysans traversant un torrent avec des charges de riz. Excellente pièce de la même collection.

6 décembre 1904

V

Succession de M. Jean ALBOIZE

Conservateur du Musée de Fontainebleau

Directeur du Journal " l'Artiste "

ESTAMPES & LITHOGRAPHIES

Modernes

BONS LIVRES

Sur les Beaux-Arts et la Littérature

TABLEAUX

DESSINS — GRAVURES

COMMISSAIRE-PRISEUR

Me LAIR DUBREUIL, 6, rue de Hanovre

EXPERTS

M. JEAN FONTAINE
30, Boulevard Haussmann

M. H. BRAME
2, Rue Laffite

PARIS

IMPRIMERIE G. CHAUFOUR

8-10, RUE MILTON